DU PROJET MACKAU

TENDANT A VIOLER

LA LOI DU 24 AVRIL 1833

SUR

LE RÉGIME LÉGISLATIF DES COLONIES

PAR

C. A. BISSETTE.

PARIS,

IMPRIMERIE ADMINISTRATIVE DE PAUL DUPONT,

Rue de Grenelle-Saint-Honoré,

—

1844

DU PROJET MACKAU

TENDANT A VIOLER

LA LOI DU 24 AVRIL 1833

SUR

LE RÉGIME LÉGISLATIF DES COLONIES.

Sous prétexte d'améliorer la condition des esclaves et de préparer les colonies à l'abolition de l'esclavage, M. le ministre de la marine a présenté à la Chambre des Pairs un projet de loi en trois articles ; véritable déception pour égarer les partisans de l'émancipation et obtenir leur concours à des mesures dont l'insignifiance est le moindre vice.

Par la première disposition de ce projet, les articles 2 et 3 de la loi d'avril 1833 sont abrogés et remplacés par deux autres articles qui retirent (ni plus ni moins) au pouvoir législatif diverses attributions, pour en doter le pouvoir réglementaire.

M. le ministre veut que les Chambres lui délèguent un *blanc-seing* ; le droit de régler, par des ordonnances de bon plaisir, des matières que la loi organique d'avril 1833 a considérées comme essentiellement législatives.

C'est un retour à l'ancien régime, une violation flagrante de l'article 64 de la Charte, qui veut que les colonies soient régies, non plus par des *ordonnances*, mais par des LOIS ; c'est proposer aux Chambres de remettre à exécution l'article 73 de la Charte de 1814.

Je ne pense pas que les Chambres consentent jamais à revenir sur ce passé, à abdiquer en faveur de la direction des colonies le pouvoir que la Charte leur délègue; car ce serait bénévolement vouloir se retirer tout moyen de contrôle sur les actes de l'administration aux colonies, et Dieu sait ce qu'il en adviendrait !

La loi organique de 1833 a laissé dans le domaine des ordonnances assez de matières pour que le ministère de la marine puisse largement pourvoir à toutes les éventualités, à toutes les combinaisons, et donner cours à toutes ses bonnes intentions en faveur des colonies. Quel usage a-t-il fait de ses pouvoirs depuis onze ans ?... Énumérez ces pouvoirs, voyez ce qui a été fait, et jugez en conscience si le ministre de la marine peut demander aux Chambres de nouveaux pouvoirs et un nouveau témoignage de confiance.

L'article 3 de la loi d'avril 1833 donne le pouvoir au ministre de statuer par ordonnance :

1° Sur l'organisation administrative (ce qui comprend l'organisation de la justice et des cultes) ;

2° Sur la police de la presse ;

3° Sur l'instruction publique ;

4° Sur l'organisation et le service des milices ;

5° Sur les conditions et les formes des affranchissements ainsi que sur les recensements ;

6° Sur les améliorations à introduire dans la condition des esclaves, etc., etc., etc.

Voilà bien des questions à traiter pour une administration qui veut et qui sait. Eh bien ! depuis 1833, qu'a fait l'administration de la marine pour les colonies? L'organisation administrative répond-elle aux besoins du pays? L'organisation de la justice est-elle sans reproche? Le choix des magistrats inspire-t-il aux justiciables la confiance et le respect que commande le juge? Les ministres de la religion peuvent-ils exercer librement leur culte ? La presse est-elle libre ? L'instruction publique est-elle protégée, encouragée? Les milices sont-elles organisées? Les recensements d'esclaves se font-ils d'une manière régulière, et n'est-il pas prouvé, par les publications mêmes du ministère de la marine, que cette partie laisse beaucoup à désirer? Quelles améliorations enfin le ministère de la marine a-t-il introduites dans la condition des esclaves?

Voilà les questions que les Chambres devraient poser au ministre avant de lui livrer le blanc-seing qu'il sollicite.

A toutes ces questions, je puis répondre, sans craindre la contradiction : que l'administration de la marine n'a rien fait de sérieux depuis onze ans que la loi d'avril 1833 a été votée;

Que tout aux colonies est dans le plus grand désordre; que les gouverneurs et les directeurs de l'intérieur sont de véritables pachas, gouvernant et administrant le plus souvent dans l'intérêt des maîtres, les uns pour se ménager leurs faveurs, les autres dans la seule vue de conserver les propriétés à esclaves qu'ils possèdent;

Que l'organisation de la justice coloniale est dans un état déplorable; la magistrature sans considération aucune, et cela parce que, malheureusement, on compte dans le cadre des magistrats des hommes qui sont signalés comme n'ayant la confiance des justiciables d'aucun parti. Dans certaines colonies, les choses sont arrivées à un tel point que les magistrats honorables qui se respectent rougissent d'avoir pour collègues des hommes qui déshonorent la magistrature, et par leurs actes immoraux, et par le mépris qu'ils inspirent.— Les faits sont nombreux. On cite des cas où la justice a été vendue au poids de l'or; d'autres où, soit l'escompte d'une traite sans valeur, soit le renouvellement d'un effet échu, ont été le prix d'un arrêt. Des plaintes, des accusations graves se sont élevées contre tous ces actes, dont les moindres poursuites seraient une action en police correctionnelle, car les accusations portent aussi sur des faits d'usure et de manœuvres frauduleuses. — Il faut croire que ces cris de l'opinion publique n'arrivent pas jusqu'au ministère, qu'ils sont étouffés au loin ; car la protection et la faveur qu'obtiennent quelques-uns de ces hommes n'auraient pas lieu si le gouvernement était bien renseigné.

Pour ce qui concerne les cultes, s'il arrive qu'un bon prêtre, chose rare aux colonies, élève la voix, non pas pour provoquer les sympathies des fidèles en faveur de l'abolition de l'esclavage,—les plus hardis ne s'y exposeraient pas, — mais pour prêcher l'Évangile, ils sont bientôt renvoyés en France pour rendre compte de leur conduite, et, à leur arrivée, ils sont abandonnés par l'administration auprès de laquelle ils auraient dû trouver, non-seulement protection et encouragement, mais justice. Les exemples sont assez connus pour que je me dispense de les citer.

Pour l'instruction publique, les conseils coloniaux s'opposent de toutes leurs forces à ce que les établissements qui la donnent prospèrent et à ce que l'instruction se répande ; et cela se conçoit : à quoi bon répandre l'instruction dans un pays où l'esclavage est la pierre angulaire de l'édifice social? Ce serait un non-sens ; car le contact de l'une détruirait l'autre, et réciproquement. Aussi, de tout temps les colons se sont montrés conséquents au système colonial qui a pour base l'esclavage ; ils ont, ou entravé, ou empêché formellement l'instruction aux colonies, et il n'est pas sans exemple, sous le régime des ordonnances, qu'ils aient interdit aux nègres et aux mulâtres libres d'apprendre à lire et à écrire.

Quant à l'organisation et le service des milices, le ministère n'a encore rien organisé, par la raison qu'on a peur d'armer en garde nationale un trop grand nombre de mulâtres et de nègres libres. Cette peur existe du moins pour la Martinique et la Guadeloupe. Quant à la Guyane et à Bourbon, l'organisation actuelle de la milice est une véritable plaisanterie, un délassement pour quelques colons, fiers de montrer des épaulettes les jours de grande parade ; un moyen pour eux de solliciter la croix d'honneur, pour un service qui, la plupart du temps, sert d'amusement et de partie de plaisir à quelques imbéciles qui ne savent même pas marcher au pas.

A la Martinique, on avait donné des épaulettes, en 1831, à quelques nègres et mulâtres libres, qu'on fit officiers d'après les ordres de MM. Sébastiani et d'Argout, alors ministres de la marine. Ces distinctions offusquaient les colons, on a donc dissous la garde nationale en 1832, et depuis elle n'a pas été réorganisée. Dans les autres colonies, on ne peut encore obtenir l'amalgame des compagnies d'une manière générale. Il y a toujours des compagnies de *blancs* et des compagnies de *couleur*.

Pour ce qui concerne les recensements d'esclaves, il y avait quelque chose à faire, par la visite des habitations, afin de constater les sévices des maîtres envers les esclaves et le nombre exact des naissances et des décès. L'administration a voulu s'en occuper ; mais les colons ont jeté les hauts cris ; partout ils ont protesté contre la visite de leurs habitations, et quelques-uns des officiers ministériels chargés de cette mission, en vertu de l'ordonnance du 5 janvier 1840, ont été forcés de composer. Ces fonctionnaires qui sont revêtus du titre de protecteur des esclaves, possèdent eux-mêmes des esclaves ; et, en leur qualité, ils sont chargés de visiter leurs habitations, de s'assurer si les esclaves y sont bien traités , de dresser des procès-verbaux et de les adresser au ministre. — Ce dont ils doivent s'acquitter avec conscience et impartialité.—Dans une visite d'habitations qui devait se faire au mois de février dernier dans une de nos colonies, on avait signalé à un de ces patrons des esclaves quelques habitations où il se passe des choses épouvantables ; le protecteur pouvait prendre son monde sur le fait, mais il eut la générosité de faire connaître à l'avance les quartiers qu'il devait parcourir ; alors, par réciprocité d'attention , plusieurs propriétaires des habitations à visiter s'empressèrent d'offrir au protecteur des esclaves des cabriolets et autres moyens de transport, en lui annon-

çant qu'il était attendu chez eux pour être fêté. Et le magistrat
de s'en vanter.

Voici deux faits qui concernent la colonie de la Martinique, nous ne savons pas si le ministre de la marine en a été
instruit :

Tout récemment on a trouvé pendu à un arbre, presque
sous les fenêtres de la résidence du gouverneur, à Bellevue,
un nègre esclave. Ce malheureux avait le corps déchiré de
coups de fouets, et à chacune de ses jambes était rivé un gros
anneau de fer. On croit que cet esclave allait se plaindre au
gouverneur des mauvais traitements qu'il éprouvait, et dont
les traces n'étaient que trop visibles ; que le courage lui ayant
manqué, arrivé à la porte du gouverneur, il s'est suicidé. En
accomplissant cet acte de désespoir, cet esclave aurait-il
voulu, sous les yeux même du gouverneur, prouver que le
supplice quotidien de l'esclavage est moins supportable que la
mort? Aurait-il voulu protester, par sa mort, contre ces rap-
ports des gouverneurs et des procureurs généraux qui pei-
gnent le bonheur et les bienfaits de l'esclavage ? Quoi qu'il en
soit, aucun des propriétaires d'esclaves de la localité n'a
voulu reconnaître le cadavre, qui n'a pas été réclamé. Pourtant rien n'est plus facile, aux colonies, à constater que
l'identité d'un esclave; mais celui-ci est resté *épave*. Si le ministère public avait la conscience de ses devoirs, si cette magistrature n'était pas confiée à des possesseurs d'esclaves,
intéressés au maintien du système colonial, en moins de vingt-
quatre heures on aurait découvert le maître de ce malheureux
esclave.

Peu de jours après ce suicide, la ville du Fort-Royal était
encore en émoi. Des sergents de ville conduisaient une mal-
heureuse négresse esclave, liée, garrotée et *cousue* dans un
hamac que portaient deux hommes ; à côté, on tenait un enfant à la mamelle : c'était l'enfant de cette esclave qu'on em-
barquait, malgré la résistance et le désespoir de la mère,

pour la transporter sur l'habitation d'où elle avait fui avec son enfant, à cause des tortures que lui faisaient continuellement subir ses maîtres.

Il est triste d'avoir à dire que de pareilles violences ne rencontrent pas, devant les tribunaux des colonies, la répression qu'elles méritent. On ne poursuit guère que pour la forme : aussi les excès contre les esclaves se multiplient tous les jours. Une affaire de ce genre s'instruit, à l'heure qu'il est, au Fort-Royal ; mais on est généralement convaincu que ces poursuites ne sont pas sérieuses, et qu'elles ne vengeront pas l'humanité.

Pour ce qui a rapport à l'amélioration à introduire dans la condition des esclaves, on peut affirmer que le ministère de la marine n'y a rien introduit depuis 1833. Cependant depuis cette époque la loi organique des colonies lui laisse tout pouvoir de réglementer cette matière par voie d'ordonnance. Qu'a-t-il fait pour améliorer la condition des esclaves ? Rien ; sinon quelques mesures insignifiantes restées sans exécution comme l'ordonnance du 5 janvier 1840. Rien, parce que les colons résistent, et que le ministère de la marine qui ne veut rien faire, cède aux résistances des colons, et aux importunités de leurs délégués à Paris. Le ministre de la marine pouvait supprimer le châtiment du fouet, la chaîne de police, cette véritable galère dans laquelle sont accouplés comme des forçats les esclaves de tout sexe qui sont punis disciplinairement. Le ministre pouvait faire déclarer le droit méconnu jusqu'ici aux esclaves de se pourvoir en cassation. Aucune de ces améliorations n'a été introduite dans la condition des esclaves, et certes, ce n'est pas qu'elles n'aient été réclamées depuis longtemps. Le ministre peut consulter à cet égard les cartons de son département.

Ainsi donc, sur cette question des colonies, on n'abusera que ceux qui veulent être abusés. Et, s'il fallait des preuves de la connivence qui existe entre les délégués des colons e le ministère de la marine , on pourrait les trouver dans la lettre suivante , adressée aux gouverneurs des colonies, par M. le baron Charles Dupin, président du conseil des délégués des colons à Paris.

« Paris, 25 janvier 1844.

« MONSIEUR LE GOUVERNEUR ,

« Dans la crainte que M. le ministre de la marine ne vous écrive pas, dès aujourd'hui, par la voie la plus accélérée, je le devance. Vous pouvez calmer l'agitation qui serait produite par la version infidèle de certains journaux , au sujet de la réponse du ministre à l'interpellation d'un député sur les mesures à prendre en conséquence du rapport de M. de Broglie sur l'émancipation. Voici les paroles du ministre extraites du *Moniteur :* « Il ne s'écoulera pas plusieurs semaines, sans que « le gouvernement soit en mesure de s'expliquer devant cette « Chambre sur ce qu'il aura arrêté d'également favorable à « l'intérêt des colonies et au vœu de la métropole. » — J'ai eu une longue conférence officielle avec M. le baron de Mackau. Il lutte dans le cabinet , pour qu'on n'y prenne aucune mesure intempestive et compromettante sur l'émancipation. J'espère que, dans cette session, le ministre ne compromettra rien à cet égard. Le ministre est plein de bonnes intentions. Ses intentions et son caractère doivent rassurer les colons.

« Je rédige un Mémoire pour démontrer au gouvernement que dans l'état actuel des choses il est impossible, sans compromettre l'avenir des colonies, de procéder à l'émancipation, même à dix ans de date, comme le veut la commission de Broglie, et moins encore, en procédant à l'émancipation par les enfants, mesure inhumaine dont j'ai déjà démontré les dangers, l'injustice et la barbarie, lorsque M. Passy l'a proposée sous le ministère de M. Molé.

« Je crois pouvoir vous annoncer de *bonne part,* que la commission des affaires coloniales est *dissoute.* Ce pouvoir anormal et monstrueux a disparu ; les affaires reprennent leur marche régulière et les bureaux des colonies à la marine vont s'en ressentir (1). Les délégués cessent d'être suspects, et les intérêts d'outre-mer ne seront plus jugés d'après un esprit de secte et de parti. Il paraît que, par ménagement pour le duc de Broglie, on ne veut pas publier la suppression de la commission qu'il présidait et qu'on n'a plus une seule fois réunie depuis que la marine a pour ministre M. le baron de Mackau. Je recommande à la fois aux colons de ne pas se laisser abattre par la peur de mauvaises mesures que nous espérons conjurer, et de ne pas se laisser égarer par l'idée qu'ils n'ont plus rien à craindre : le danger subsiste, mais n'est pas insurmontable ; *il sera long*, il exigera de la constance, du sang-froid, de la vigueur et pourtant de la modération. Je leur recommande, en ami sincère, la conciliation, la bonne harmonie, plus que jamais nécessaire au milieu des graves circonstances qui peuvent marquer la présente session.

« Si je puis avoir obtenu quelque résultat précieux lors du prochain paquebot, je m'empresserai de vous en informer.

« J'ai l'honneur, etc.,

> « *Le pair de France, président du conseil des délégués des colons,*
>
> « *Signé*, baron Ch. Dupin. »

La connivence est manisfeste. et je ne saurais trop répéter, que l'on ne peut abuser ici que ceux qui veulent être abusés.

(1) Ce paragraphe de la lettre du délégué rappelle ce qu'écrivait, sous la restauration, un député des colons de la Guadeloupe, lequel, dans des circonstances à peu près semblables, disait à ses commettants : « Au ministère « de la marine, avec la clef d'or, on ouvre toutes les portes. » — Les députés ou les délégués des colons sont toujours les mêmes, des indiscrets ou des bavards.

Ainsi donc, d'après cette lettre, les colons peuvent dormir tranquille, M. le baron Charles Dupin veille pour eux et sur eux, à raison de 25,000 fr. par an, sans compter les pots-de-vin et d'autres gratifications qui surpassent, dit-on, les appointements fixes de 25,000 fr.; lesquelles gratifications sont allouées au budget colonial, sous le titre : *d'abonnements de journaux; abonnements*, soit dit en passant, sur lesquels, M. le député-délégué Jollivet ne se fait pas faute de prélever avec son collègue le baron, les frais d'impression et de composition de ce qu'ils appellent leurs *discours* et leurs brochures *en faveur* des colonies.

Ainsi donc encore, d'après la lettre du président des délégués des colons, M. le baron Mackau ayant été interpellé par un député, à la Chambre, sur les intentions du gouvernement relatives à l'émancipation, le ministre a fait une réponse dont les *paroles* ont été recueillies par les journaux et notamment par le *Moniteur*. Mais le délégué des colons a obtenu mieux que des *paroles* de ministre; il a eu une *conférence officielle* avec M. le baron de Mackau, lequel lui a fait savoir « qu'il lutte dans le cabinet pour qu'on n'y prenne aucune mesure intempestive sur l'émancipation..... Les bonnes intentions et le caractère de M. de Mackau doivent rassurer les colons..... Le délégué croit pouvoir annoncer de *bonne part* que la commission des affaires coloniales est dissoute, que ce pouvoir monstrueux a disparu, et que, par ménagement pour M. le duc de Broglie, on ne veut pas publier la suppression de la commission qu'il préside, commission qui n'a plus une seule fois été réunie depuis que M. de Mackau est ministre. »

Ce qui veut dire, en d'autres termes, que le ministre de la marine, en même temps qu'il se joue de M. de Broglie, se sert de sa réputation d'honnête homme et d'abolitioniste, pour amuser l'opinion publique, en faisant croire à une prochaine émancipation qui n'est pas dans les bonnes intentions de M. le baron de Mackau. Qu'enfin le délégué des colons, M. Charles Dupin, est dans la confidence secrète de toutes ces duperies, qu'il en est informé de *bonne part* et *officiellement*.

Voilà en deux mots, l'analyse fidèle de la lettre du délégué des colons. Et puis, lorsque M. le baron de Mackau, viendra présenter aux Chambres un projet qui viole l'article 64 de la charte et la loi organique de 1833, vous verrez les délégués des colons et le baron Charles Dupin, lui, tout le premier, protester contre le projet ministériel, crier plus fort que personne à la violation de la loi.

Non ! pour tous ceux qui connaissent la lettre de M. le baron Charles Dupin aux gouverneurs des colonies, il est impossible qu'ils ne soient édifiés sur la mesure de tous ces faux-semblants de protestations, de toutes ces déclamations de commande que l'on trouve chaque matin enregistrées tout au long dans certains journaux, très-connus pour être aux gages de MM. les délégués des colons.

Les colons crient par l'organe de leurs délégués contre le projet Mackau ; ce n'est pas parce qu'ils manquent de confiance dans les bonnes intentions du ministre ; ce n'est pas parce qu'ils préfèrent être régis par des lois plutôt que par des ordonnances : ils se sont parfaitement accommodés de ce dernier régime pendant des siècles et jusqu'à la révolution de 1830, sans jamais se plaindre, sans jamais réclamer. Ils crient parce qu'ils aiment mieux le *statu quo* que toutes les ordonnances et toutes les lois du monde; mais ils s'accommoderaient volontiers d'un régime qui confierait exclusivement toutes les questions coloniales à la solution de M. de Mackau, et à la *marche régulière* des bureaux des colonies à la marine.

Mais pour nous qui avons plus de confiance dans les lois que dans les ordonnances, voire même celle que nous prépare M. le baron de Mackau, avec ses bonnes intentions, nous combattons le projet ministériel de toutes nos forces, non-seulement parce qu'il viole l'article 64 de la Charte et la loi d'avril 1833, mais parce que ce projet est une véritable déception, un œuvre puérile dans la question d'émancipation, un moyen tendant à semer des entraves, à créer des embarras, des difficultés et à susciter des réclamations des colons, pour avoir le prétexte d'ajourner la question, et de se dispenser de prendre une mesure décisive, efficace pour l'abolition de l'esclavage.

M. de Mackau n'ignore pas que les colons savent très-bien distinguer le respect que l'on doit à une loi, de celui que l'on doit à une ordonnance ; donc, en venant proposer aux Chambres de voter un projet qui viole la loi organique, M. de Mackau prépare des embarras au gouvernement pour accomplir l'œuvre de l'abolition ; il donne beau jeu aux colons de résister, avec *vigueur* et *modération*, comme les y engage leur délégué, M. le baron Dupin, qui a la confiance du ministre de la marine et des bureaux, au point d'écrire à la place du ministre aux gouverneurs des colonies, pour leur expliquer les *paroles* du ministre à la Chambre et les *bonnes intentions* de M. de Mackau pour les colons.

Qu'est-ce que demande le ministre ?

De nouveaux pouvoirs pour régler :

« 1° La nourriture et l'entretien dûs par les maîtres aux esclaves ;

« 2° Le régime disciplinaire des ateliers ;

« 3° La fixation des heures du travail et de repos ;

« 4° Le mariage des esclaves et leur instruction religieuse et élémentaire ;

« 5° Le pécule des esclaves et leur droit de rachat. »

Tout ceci paraît merveilleux et fait croire à la haute philanthropie de M. de Mackau ; on serait presque tenté de croire qu'il ne lutte pas dans le cabinet pour qu'aucune mesure ne soit prise sur l'émancipation, si M. le baron Charles Dupin, qui est dans la confidence officielle du ministre, n'avait écrit le contraire aux gouverneurs des colonies. On prétend que, séduits par le projet philanthropique de M. de Mackau, certains partisans de l'émancipation ont été dans une espèce d'adoration béate, et ont trouvé que c'était un grand pas de fait dans la question de l'émancipation. — Oui, un grand pas de fait......... en arrière.

Le ministre n'a pas besoin de nouveaux pouvoirs pour régler la nourriture des esclaves, ni le pécule et le droit de rachat; ces matières sont dans les attributions du gouvernement; la loi d'avril 1833 permet au gouvernement de statuer sur les conditions et les formes des affranchissements, sur les améliorations à introduire dans la condition des esclaves. Le ministère de la marine, s'il voulait, depuis longtemps, aurait pu préparer par d'autres moyens, au lieu des moyens insignifiants qu'il propose aujourd'hui, l'œuvre de l'abolition, qui peut s'accomplir sans ces mesures; car les maîtres sont tenus, d'après la législation existante, de nourrir et de vêtir leurs esclaves; s'ils ne le font pas, et je n'en sais rien, ils sont coupables; et les gouverneurs, avec lesquels correspond officiellement, de la part de M. de Mackau, le délégué des colons, doivent poursuivre ces maîtres qui violent la loi et manquent d'humanité en ne donnant pas de nourriture à leurs esclaves. Ce ne sont pas les Chambres qui doivent veiller à l'exécution des lois aux colonies, et aux mesures commandées par l'humanité envers les esclaves; si les gouverneurs et les procureurs du roi ne savent pas ou ne veulent pas les faire observer, le ministre doit les révoquer, et non pas venir proposer aux Chambres d'être les complices de la non-exécution de la loi et des mesures d'humanité (1).

(1) Il y a quelque temps, un blanc, copropriétaire indivis d'une habitation-sucrerie à la Martinique, signala au ministère de la marine que les esclaves n'étaient pas traités, sous le rapport de la nourriture et de l'entretien, selon l'édit de 1685; il se bornait, dans sa pétition, à réclamer purement et simplement la stricte exécution de cet édit. Il lui fut répondu *officiellement* que « les nègres esclaves, d'après une enquête faite sur les lieux, étaient

Si les Chambres se laissaient aller au point de voter sans savoir ce dont il s'agit, la pièce serait jouée, et M. le baron de Mackau s'empresserait de signer une ordonnance dans laquelle on lirait ceci :

« ORDONNANCE

« SUR LE RÉGIME INTERMÉDIAIRE

« Par lequel

« *Les personnes non libres sont préparées à la liberté.*

« De la nourriture.

« Art. 1er.

« A l'avenir. dans les colonies de la Martinique et de la Guadeloupe, de Bourbon et de la Guyane, chaque *personne non libre* (1) recevra une nourriture saine et confortable.

« Art. 2.

« Cette nourriture saine et confortable sera fournie chaque semaine par le maître ; elle se composera des aliments suivants :

« *abondamment pourvus.* » — On ne pouvait certes pas prévoir, répliqua le pétitionnaire, que le mot *abondamment* eût jamais pu remplacer la phrase légale si simple : *pourvus conformément aux lois et ordonnances* (c'est-à-dire un kilogramme cinq cents grammes de morue salée et deux litres trente-trois centilitres de manioc, par semaine).

(1) On a inventé au ministère de la marine : « *les personnes non libres,* » pour désigner les *esclaves.* Cette qualification leur est donnée dans tous les projets qui sont présentés aux Chambres depuis 1830.

De même on avait inventé, aussi à la même époque : « *hommes appartenant à l'ancienne classe de couleur,* » pour dire les *négres* et les *mulâtres* qui ne sont pas esclaves. — On prétend qu'aux colonies quelques personnes et des avocats, c'est le petit nombre, ont trouvé l'*appellation* admirable et s'intitulent : « *hommes appartenant à l'ancienne classe de couleur,* » trouvant sans doute que cela arrondit mieux une phrase que de dire tout simplement *mulâtre* ou *câpre.*

« 1° De deux litres et trente-trois centilitres de farine de manioc, ou trois cassaves ;

« 2° D'un kilogramme, cinq cents grammes de morue salée, par chaque *personne non libre*, âgée de dix ans et au-dessus. Les négrillons depuis qu'ils sont sevrés, jusqu'à l'âge de dix ans, recevront chacun la moitié des vivres ci-dessus.

« **De l'entretien**.

« Art. 3.

« Seront tenus, les maîtres, de fournir à chaque *personne non libre*, par chaque an, deux rechanges consistant en deux chemises et deux culottes pour les hommes, et deux chemises et deux jupes pour les femmes, le tout au gré des maîtres.

« Les négrillons continueront comme par le passé, à être nus jusqu'à l'âge de dix ans.

« **Du régime disciplinaire**.

« Art. 4.

« Il est défendu aux *personnes non libres* appartenant à différents maîtres, de s'assembler le jour ou la nuit, sous prétexte de noces ou autrement, soit chez l'un de leurs maîtres, ou ailleurs, et encore moins sur les grands chemins ou lieux écartés, à peine de punition corporelle, qui ne pourra être moindre de vingt-neuf coups de fouet ; et en cas de fréquentes récidives et autres circonstances aggravantes, ils pourront être mis à la chaîne ou pendus, ce qui est laissé à l'arbitrage des juges. Il est enjoint à tous et à chacun de courir sus aux contrevenants, de les arrêter et de les conduire en prison, bien qu'ils ne soient point gendarmes ou sergents de ville, et qu'il n'y ait contre les contrevenants aucun décret.

« Art. 5.

« La *personne non libre* qui aura frappé son maître ou la femme de son maître, sa maîtresse ou le mari de sa maîtresse, ou leurs enfants avec contusion ou effusion de sang, sera puni de mort.

« Si la *personne non libre* manque de respect à une personne de condition libre, elle recevra vingt-neuf coups de fouet. Et quant aux excès et voies de faits qui seront commis par elle contre les personnes libres, voulons qu'elle soit sévèrement punie, même de mort s'il y échet.

« ART. 6.

« Pourront les maîtres, lorsqu'ils croiront que *leurs personnes non libres* l'auront mérité, les faire enchaîner et les faire battre de verges ou de cordes.

« De la fixation des heures du travail.

« ART. 7.

« Chaque *personne non libre* sera tenue de travailler toute sa vie, et sans aucun salaire, pour le maître qui lui fournit la nourriture saine et confortable désignée par l'article 2.

« ART. 8.

« La durée ordinaire du travail sera de neuf heures et demie par jour, à partir de six heures du matin, jusqu'au coucher du soleil, sauf les cas où les maîtres jugeront nécessaire de prolonger cette durée, comme par exemple à l'époque des roulaisons.

« Du mariage et de l'instruction religieuse et élémentaire.

« ART. 9.

« A l'avenir les *personnes non libres* pourront se marier religieusement s'il leur plaît, mais le mariage civil leur est interdit.

« ART. 10.

« Il est défendu très-expressément aux curés et à tous autres ecclésiastiques, sous peine de 500 fr. d'amende et de la saisie de leur temporel, de procéder aux mariages des *personnes non libres*, s'il n'apparaît du consentement de leurs maîtres.

« Ces mariages ne pourront se célébrer que dans les chapelles dites *chapelles des non libres*, qui seront établies en vertu de l'article 13.

« Art. 11.

« Les enfants qui naîtront des mariages entres les *personnes non libres* seront *non libres*, et appartiendront aux maîtres des femmes *non libres*, et non à ceux de leurs maris, si le mari et la femme ont des maîtres différents.

« Art. 12.

« Si le mari *non libre* a épousé une femme libre, les enfants tant mâles que femelles, seront de la condition de leur mère, et seront libres comme elle; et si le père est libre et la mère *non libre*, les enfants sont *non libres* pareillement.

« Art. 13.

« Il sera établi des chapelles pour l'instruction religieuse des *personnes non libres*.

« Art. 14.

« Des écoles, pour l'instruction élémentaire des *personnes non libres* pourront être établies dans les localités où le conseil colonial en aura reconnu l'urgence.

« Du pécule et du droit de rachat.

« Art. 15.

« Toute *personne non libre* jouit du droit de se former un pécule.

« Art. 16.

« Le droit de se racheter est également reconnu aux *personnes non libres*.

« Art. 17.

Les conditions pour exercer les droits reconnus par les articles 15 et 16 seront ultérieurement arrêtées.

« Art. 18.

« Dans un délai qui ne pourra être moindre de deux ans pour les colonies de la Martinique, de la Guadeloupe et de la Guyane, et de trois ans pour Bourbon, le conseil spécial et le conseil colonial fourniront, chacun séparément, un rapport au ministre de la marine et des colonies : 1° sur le pécule des *personnes non libres*; 2° sur leur droit de rachat, conforme aux dispositions existantes dans les colonies espagnoles et dans les îles danoises.

« Fait à Paris le......... »

Voilà, nous pouvons l'affirmer, dans quel esprit sera rédigé la législation de M. le baron de Mackau, touchant « les conditions principales du régime intermédiaire par lequel les noirs seront préparés à prendre place dans la société coloniale. »

Et lorsqu'on croira avoir amélioré le sort de l'esclave, on n'y aura pas touché, parce que l'esclave reçoit, depuis l'édit de 1685, Code noir, 1 kil. 500 grammes de morue et 2 litres et 33 centilitres de manioc par semaine pour toute nourriture; deux rechanges par an, au gré du maître, et vingt-neuf coups de fouet pour les moindres infractions; il est pendu et étranglé, jusqu'à ce que mort s'ensuive, s'il frappe son maître avec effusion de sang; il travaille depuis six heures du matin jusqu'à six heures du soir, sans autre salaire que la nourriture que vous savez qu'il reçoit de son maître.

Il est vrai que M. le baron de Mackau propose d'ajouter au paragraphe relatif aux dispositions pénales applicables aux *personnes non libres* les peines applicables aux maîtres, en cas d'infraction à leurs obligations envers leurs esclaves;

mais c'est encore une superfétation, et l'on peut nous épargner la peine de lire dans cette nouvelle législation des dispositions de cette force :

« ARTICLE INIQUE.

« Le maître qui aura usé de sévices envers *sa personne non libre*, qui l'aura torturée où privée de nourriture pendant un *certain temps*, ou qui lui aura infligé un châtiment qui aura occasionné la mort, pourra être condamné, suivant la circonstance, à une amende de 100 à 200 fr. »

Quant aux autres améliorations que se propose M. de Mackau, d'introduire dans la condition des *personnes non libres*, elles seront, n'en doutez pas, *compatibles avec les droits acquis*.

L'esclave ne se mariera pas, parce qu'il n'aura aucune puissance sur sa femme et sur ses enfants ; le pouvoir du maître sera toujours, comme par le passé, supérieur au pouvoir marital et paternel.

On établira des chapelles comme celles déjà existantes ; les ecclésiastiques n'oseront pas prêcher l'Evangile du Christ, parce que l'Evangile du Christ condamne l'esclavage et recommande la charité entre tous les hommes, qui sont frères, et que ce n'est pas être charitable pour son frère que de le tenir dans l'esclavage, de le fouetter et de le couvrir de chaînes. La mission apostolique du prêtre sera impossible aux colonies aussi longtemps que vous conserverez des esclaves ; ou il faudra qu'il mente sans cesse à sa conscience, en prêchant que les nègres ont été maudits par Dieu, le père commun de tous les hommes, et c'est pourquoi le nègre est noir, a les cheveux crépus, et est voué à l'esclavage ; ou il faudra qu'il prêche l'égalité entre tous les hommes, et l'égalité est impossible où existe l'esclavage.

Dans ce dernier cas, on pourrait demander au ministre de la marine ce qu'il ferait d'un missionnaire apostolique qui serait renvoyé des colonies en France, pour n'avoir pas prêché l'Évangile de Jésus-Christ dans les *limites du possible* ; le renverrait-il aux colonies, dans sa cure? ou bien le sacrifierait-il aux passions anti-chrétiennes des possesseurs d'esclaves?

Il y a cent à parier contre un que le missionnaire apostolique serait sacrifié ; car autrement ce serait un dangereux exemple, un encouragement donné aux autres ecclésiastiques pour enseigner la parole de Dieu, et la vérité ne peut être révélée aux esclaves!

Quant aux écoles où l'instruction élémentaire serait donnée aux esclaves, c'est encore une plaisanterie ; car aucun maître ne consentirait à envoyer ses esclaves à l'école lorsqu'il aurait à faire sa récolte de sucre ou de café. Le temps de repos ne pourrait pas non plus être consacré à l'étude, à moins de renoncer au pécule ; car apparemment ce n'est pas dans les heures consacrées au travail du maître que l'esclave recueillerait ce pécule.

De tout ceci, il faut conclure que le ministre a voulu s'amuser aux dépens des abolitionistes ; car M. de Mackau qui a gouverné aux colonies, qui y a commandé des stations, sait tout aussi bien que qui que ce soit que son projet de législation n'a pas le sens commun. Que le ministre de la marine ait donc le courage de proposer aux Chambres un projet de loi pour l'abolition immédiate de l'esclavage! Et nous lui garantissons qu'avec un pareil projet il arrivera plus sûrement à toutes les améliorations de l'homme. Quant à l'esclavage on ne peut l'améliorer, on ne peut que l'abolir! Avec l'abolition de l'esclavage vous n'aurez pas besoin de régler ni la nourriture, ni la discipline : vous n'aurez à régler que le travail et le salaire. Alors le mariage aura un but pour l'affranchi ; sa femme ne dépendra pas du caprice d'un maître, et ses enfants cesseront d'être des *petits* comme les animaux. Les chapelles et les écoles auront une signification ; dans les unes, on prêchera sans danger la parole de Dieu qui condamne le maître, et que l'on est obligé ou de taire ou de traduire faussement; dans les autres, chacun sera libre d'y accourir, de s'instruire sans entraves, sans empêchements, parce que l'instruction ne sera pas incompatible avec le nouvel état de l'affranchi, et que le maître n'aura plus à craindre que l'instruction donnée à l'esclave ne le porte à briser ses fers.

Tous auront besoin de l'instruction, car elle apprendra à tous que nous avons été mis sur la terre pour y vivre de travail, et qu'après le travail terrestre il y a le jugement de Dieu dans l'éternité !